PHP

Sommario

Introduzione

Complimenti per aver acquistato questo libro e per aver fatto il primo passo verso la tua carriera come sviluppatore web di fama mondiale. Se stai cercando un libro tecnico pieno di rigore e regole ferree tipiche di un insegnante di scienze, allora temo che tu abbia preso il libro sbagliato. I miei libri sono scritti per le persone e mi piace pensare che siamo amici, seduti al pub, a parlare di PHP davanti ad una birra.

Ho riscontrato che i principianti per cui ho scritto apprezzano il mio stile di scrittura perché non stanno cercando di ottenere una laurea in matematica da questo libro, stanno cercando di imparare qualcosa su PHP, e questo te lo posso garantire!

Questo è il momento in cui qualsiasi altro libro ti parlerebbe di PHP, della sua intera storia, della sua applicazione, del suo autore e di un milione di altre cose. Non mi piacciono questo tipo di capitoli e, poiché hai acquistato questo libro per conoscere PHP, hai già sviluppato un po' di curiosità sul linguaggio. Penso che questo sia tutto ciò di cui avrai bisogno.

PHP è un linguaggio di programmazione che alimenta la maggior parte dei siti presenti sul Web.

È stato originariamente scritto da un ragazzo di nome Rasmus Lerdorf, che spesso può essere visto sorridere praticamente in qualsiasi immagine che trovi di lui su Google. Ora, Rasmus è una fantastica persona, lo ringrazio a nome di tutti gli sviluppatori Web ma penso che questo sia tutto ciò che devi sapere su di lui. Altri libri PHP probabilmente ti parlerebbero della sua formazione e come è arrivato a sviluppare PHP ma, che ne dici di saltare questa parte e iniziare a imparare?

Questo libro è per principianti assoluti. Ciò significa che se non hai mai provato a programmare prima nella tua vita, allora sei fortunato amico mio! Se hai già provato a programmare, allora rivedrai alcuni concetti. Se sei un esperto di PHP, ora è il momento di rinnovare le tue abilità e forse raccoglierai alcuni suggerimenti e trucchi lungo la strada.

Il mio obiettivo per questo libro è che diventi il libro PHP più divertente ma concreto sul mercato. Voglio che sia il libro che viene consigliato quando qualcuno vuole diventare uno sviluppatore PHP. Ho lavorato duramente per renderlo accessibile a tutti, quindi se ti piace questa avventura, per favore, condividilo con chi conosci.

Questo libro è un libro di sintassi per PHP e non ti insegnerà come creare siti web, è il primo passo che costruirà la tua conoscenza di base del linguaggio.

Allora, non perdiamo altro tempo. Ci sono alcune cose da imparare! Gira la pagina e preparati ad entrare nel mondo dello sviluppo!

Capitolo 1

Installazione

Prima di iniziare a lavorare con PHP, dobbiamo prima installarlo. Immagina che PHP sia un'applicazione come le altre e deve essere installato sul nostro sistema prima di elaborare il codice PHP.

Il metodo di installazione varia notevolmente a seconda del sistema operativo che stiamo utilizzando. Per questo motivo, ho fornito tre diverse guide per l'installazione di PHP. La prima sezione spiegherà come installare PHP su una distribuzione Linux, ovvero Ubuntu a causa della sua popolarità. La seconda sezione spiegherà come installare PHP su un sistema Apple Mac OSX. Infine, la terza sezione spiegherà come installare PHP sul sistema operativo Windows.

Installeremo solo la versione console di PHP e non configureremo un server web. La versione console di PHP è tutto ciò di cui abbiamo bisogno per iniziare il nostro processo di apprendimento.

Ricorda che devi solo leggere la sezione appropriata per il tuo computer. Una volta installato PHP, vai avanti e salta al capitolo successivo del libro.

Linux

Il modo migliore per installare PHP su una distribuzione Linux basata su Unix è utilizzare un gestore di pacchetti. Il gestore di pacchetti disponibile dipende molto dalla distribuzione di Linux che hai scelto. Ho deciso di fornire le istruzioni per l'installazione di PHP su Ubuntu, una delle distribuzioni più popolari di Linux.

Ubuntu utilizza il gestore di pacchetti apt per installare i suoi pacchetti. Per installare la versione console di PHP dobbiamo installare il pacchetto php5-cli. Per prima cosa apri un nuovo terminale e digita le seguenti istruzioni:

$ sudo apt-get install php5-cli

Non è necessario digitare il simbolo del dollaro, è solo il prompt del terminale per mostrarti che lo stiamo digitando nella console. Una volta premuto Invio, apt recupererà il pacchetto dell'applicazione PHP e lo installerà per te.

Questo è tutto! Hai finito l'installazione quindi controlliamo se va bene. Basta digitare…

$ php -v

Questo comando viene utilizzato per mostrare la versione corrente di PHP. Dovresti vedere qualcosa di simile al seguente.

PHP 5.5.13 (cli) (built: Jun 5 2014 19:13:23)

Copyright (c) 1997-2014 The PHP Group

Zend Engine v2.5.0, Copyright (c) 1998-2014 Zend Technologies

Il tuo non sarà esattamente lo stesso, dopotutto, siamo tutti diversi, no? Nell'esempio sopra, la versione PHP è 5.5.13. Per il corretto funzionamento dei comandi che vedremo ti consiglio di usare un numero di versione di PHP almeno pari a 5.4.0 o superiore.

Se la tua versione non è corretta, dovrai consultare la documentazione della tua distribuzione Linux per scoprire come installare la versione appropriata.

Vai avanti e passa al capitolo successivo, il gioco è fatto!

Mac OSX

Sul sistema operativo Macintosh, PHP è preinstallato. Vai avanti, apri l'applicazione Terminale e digita quanto segue per trovare la versione di PHP che stai utilizzando:

```
$ php -v
```

Non digitare il segno del dollaro, è il prompt del terminale! Dovresti vedere qualcosa di simile al seguente, ma non esattamente uguale.

```
PHP 5.4.24 (cli) (built: Jan 19 2014 21:32:15)
Copyright (c) 1997-2013 The PHP Group
Zend Engine v2.4.0, Copyright (c) 1998-2013 Zend Technologies
```

La versione PHP nell'esempio sopra è la 5.4.24, finché la tua versione di PHP è maggiore della 5.4, allora non avrai problemi con i comandi di questo libro e puoi passare al capitolo successivo.

Se la tua versione è inferiore a quella di riferimento, possiamo utilizzare un gestore di pacchetti di terze parti per OSX per installare una versione più recente di PHP.

Useremo un gestore di pacchetti chiamato Homebrew o semplicemente Brew in breve. Per installare Homebrew, segui le istruzioni che trovi sul seguente sito:

https://brew.sh/

Non voglio copiare le istruzioni qui, poiché spesso cambiano tra versioni diverse. Dopo aver installato Homebrew, è tempo di installare una versione più recente di PHP. Consiglio di installare almeno la versione 5.5 e puoi farlo usando il seguente comando:

$ brew install php55

Successivamente è necessario aggiungere la posizione per questa versione di PHP alla variabile PATH di sistema. Non preoccuparti, digita semplicemente quanto segue.

$PATH=~/usr/local/Cellar/php55/5.5.13/bin:$PATH

Potrebbe essere necessario aggiornare il numero di versione in modo che corrisponda alla versione di PHP che Homebrew ha installato sul tuo sistema. Ora proviamo di nuovo a controllare la versione di PHP.

$ php -v

Si spera che questa volta avrai una versione superiore a PHP 5.4 quindi vai avanti e passa al capitolo successivo.

Windows

Installare PHP su Windows è un po' più difficile, almeno per me. Ho testato le istruzioni seguenti sul mio computer Windows 10 ma se hai difficoltà a replicare questi passaggi, una ricerca su Google ti semplificherà il processo.

Per prima cosa, vai a:

https://windows.php.net/download

Qui ti consigliamo di scaricare l'ultimo archivio zip PHP 5.4 o versioni successive. Dopo aver scaricato l'archivio, ti consigliamo di estrarlo in una posizione ragionevole. Ho scelto di estrarre il mio qui:

C:\Users\Antonio\PHP

Avrai bisogno di un prompt dei comandi per eseguire gli script che scriviamo in questo libro. Quindi ecco un ottimo modo per eseguire un prompt dei comandi su Windows.

Fai clic con il pulsante destro del mouse sul desktop o su qualsiasi cartella e scegli "Crea collegamento". Nella casella di destinazione inserisci:

cmd.exe

Fai clic su Avanti e denomina il collegamento "PHP". Infine, ti consigliamo di fare clic con il pulsante destro del mouse sul collegamento e fare clic su "Proprietà". Nella scheda "Collegamento", modifica il campo "Inizia in" in modo che corrisponda alla posizione in cui hai estratto l'archivio PHP. Infine, premi su "OK" per completare.

Con un doppio clic sul collegamento PHP, dovresti essere accolto da un prompt dei comandi. Digita:

```
php -v
```

e dovresti essere vedere le informazioni sulla tua versione di PHP. Assicurati che la versione è maggiore o uguale a PHP 5.4, quindi passa al capitolo successivo.

Mi dispiace se questo sotto-capitolo risulta un po' superficiale ma non uso Windows come macchina di sviluppo da diversi anni. Ad ogni modo puoi trovare maggiori informazioni su qualsiasi motore di ricerca.

Capitolo 2

Qualche risposta

È un titolo un po' strano, non è vero? Questo capitolo riguarda la tua fiducia in quanto sviluppatore emergente. L'apprendimento è difficile, ma non preoccuparti, io sono qui per aiutarti.

<u>Gli sviluppatori sono robot.</u>

Perché hai deciso di diventare uno sviluppatore? È vero, la vita di uno sviluppatore può essere affascinante, probabilmente hai visto uno sviluppatore scrivere del codice e hai pensato ...

Oh amico, quello sviluppatore deve essere un robot. Conosce tutte quelle parole in codice e tutte quelle funzioni!

Quando le persone senza esperienza nello sviluppo si avvicinano agli sviluppatori, presumono che siano tipi geniali con lauree a pieni voti in matematica. Forse questo è vero per alcuni sviluppatori, ma certamente non è vero per me. Mi piace pensare che altri sviluppatori sarebbero d'accordo.

La verità è che non siamo perfetti. Non siamo nemmeno vicini alla perfezione. Se pensi che gli sviluppatori conoscano tutte queste funzioni e frammenti PHP a memoria, ti stai ingannando pensando che non sarai mai in grado di tenere il passo.

Semplicemente non è vero perché non memorizziamo tutto. In effetti, la maggior parte del codice che utilizziamo quotidianamente proviene da riferimenti. Siamo bravi a cercare su Google, anche in lingua inglese. Ci sono delle funzioni in PHP che fanno le cose più semplici alle righe di testo, eppure guardo la loro documentazione PHP quasi ogni settimana per trovare l'ordine dei parametri di cui hanno bisogno.

Quando sono completamente bloccato provo ad utilizzare Google per vedere se un altro sviluppatore ha affrontato (e risolto) un problema simile. Spesso trovo una soluzione adatta che un altro sviluppatore ha scoperto o informazioni sufficienti per indicarmi una soluzione. Ovviamente funziona in entrambi i modi, cerco di restituire le mie soluzioni alla comunità. Un buon modo consiste nel pubblicare risposte su Stack Overflow e contribuire a forum o discussioni perché questo è il bello di una community, ricevere ma anche contribuire.

Quindi, come vedi, non siamo robot. Non sappiamo tutto della lingua e non abbiamo una soluzione per ogni problema. Tuttavia, siamo fantastici ricercatori. Siamo opportunisti. Siamo risolutori di problemi pieni di risorse. Siamo sviluppatori.

L'arte di cercare su Google

Quando le persone ti dicono di cercare qualcosa su Google, è facile prenderlo come un insulto. Google è la nostra home page per una buona ragione. Impariamo come trovare risposte a problemi di sviluppo comuni. Stiamo scrivendo un programma e da qualche parte dobbiamo invertire una frase in modo che "Benvenuto!" diventi '!otunevneB '. Non abbiamo idea di come affrontare questo compito e stiamo appena iniziando con PHP.

Sappiamo che in PHP una sequenza di testo è chiamata "stringa". Quindi sappiamo cosa vogliamo fare: vorremmo invertire una stringa. Costruiamo una query di ricerca per google:

reverse string

No, aspetta! Il problema è che ci sono migliaia di linguaggi di programmazione. Con questa ricerca, otterremo risposte per C++, ASP.NET, Java ecc. Il nostro obiettivo è PHP.

Non ci interessano questi altri linguaggi. Avremo tempo per giocare con loro più tardi, quando diventeremo bravi con PHP. Risolviamo questo problema aggiungendo la lingua alla query di ricerca.

reverse string PHP

Perfetto. Diamo un'occhiata ai risultati che otteniamo dalla nostra ricerca su Google. Questo potrebbe essere un buon momento per dire che non lavoro per Google e non lavoro per commissioni. Sentiti libero di usare Bing se lo preferisci o qualsiasi altro motore di ricerca. Allora dove sono quei risultati?

Reverse a string - PHP

https://www.php.net/manual/en/function.strrev.php

Reverse a string with php - Stack Overflow

https://stackoverflow.com/questions/11100634/reverse-a-string-with-php

Facendo la domanda giusta, riceviamo In cambio alcune risorse utili.

Il manuale PHP (a volte noto come documentazione API PHP) e Stack Overflow sono due delle risorse più utili per la risoluzione dei problemi per PHP disponibili su Internet. Non sto dicendo che abbiano sempre la risposta giusta, ci sono anche altri fantastici siti, ma sono sicuro che vedrai uno schema nella frequenza con cui le tue ricerche risultano nella navigazione nelle pagine di questi due siti.

In questo momento stiamo cercando una sorta di strumento per invertire una stringa. Non stiamo davvero cercando di risolvere un problema astratto, sappiamo esattamente cosa vogliamo.

Vai avanti e fai clic su quel primo link, saremo accolti con la bella pagina di manuale PHP per una funzione chiamata strrev(). Non hai ancora bisogno di sapere cosa sia una funzione e non preoccuparti se questo pensiero ti tormenta, lo capiremo dopo.

Una volta che sarai al passo con le funzioni, vedrai che questa pagina di manuale PHP offre tutto quello che abbiamo bisogno di sapere per usare la funzione strrev(), compresi alcuni esempi.

Vedi, ponendo le domande giuste abbiamo ricevuto tutto l'aiuto di cui avevamo bisogno per continuare il nostro lavoro. Non avevamo alcuna conoscenza preliminare della funzione strrev(), ma invece conoscevamo il problema che dovevamo risolvere e questo è stato sufficiente per portarci alla soluzione. Non importa se dobbiamo tornare su questa pagina più tardi.

Forse non useremo la funzione abbastanza frequentemente da dover ricordare come utilizzarla. Tuttavia, scoprirai che se inizi a utilizzare la funzione sempre di più e frequenti la pagina di manuale, non avrai bisogno di una guida per quel problema tra non molto. Penserai immediatamente "Ehi, dovrei usare quella funzione strrev() che uso sempre e so esattamente come funziona!". Diventerà una questione di memoria e farà parte del tuo insieme di strumenti.

Quindi la lezione che spero tu abbia imparato da questo capitolo è che non devi farti prendere dal panico. Non è necessario ricordare tutto ed è perfettamente naturale chiedere aiuto. In effetti, è umano chiedere aiuto ed è umano imparare dalle proprie esperienze.

Congratulazioni! Sei un umano anche tu, non un robot.

Capitolo 3

File

Ecco una notizia shock per te: il codice PHP viene memorizzato nei file. Mi dispiace, ma è vero! Lavorerai con moltissimi file. In realtà, a volte un file, ma in seguito lavorerai con molti, molti file! Ora che abbiamo tolto di mezzo quella scioccante verità, non è ora che impari a creare un file PHP.

La maggior parte dei file PHP ha qualcosa in comune e sto parlando del tag script PHP:

```
<? php
```

Bello vero? Un esemplare assolutamente fantastico. Credimi, dopo molti anni di sviluppo in PHP la troverai molto bella. La vedrai quando chiuderai gli occhi per andare a dormire la notte. È la tua migliore amica. Ti permette di usare PHP.

Preferisco sempre dare un esempio pratico, quindi proviamo qualcosa insieme. Crea un nuovo file e chiamalo test.php. I file PHP di solito hanno l'estensione .php. In onestà, possiamo eseguirli anche senza di essa, ma dovresti usarla perché è buona norma.

Prima di tutto, scriviamo le parole ...

Benvenuto in PHP!

... nel file e salvalo.

Ottimo, ora eseguiamo il file. Possiamo usarlo chiamando l'applicazione php dalla riga di comando o dalla shell unix e passando il nome del file come parametro. Ad esempio, sul mio Mac digiterò quanto segue:

php test.php

Vedrai esattamente Benvenuto in PHP! sul tuo schermo. Questo perché tutto ciò che è al di fuori dei nostri bellissimi tag PHP viene mostrato quando l'applicazione viene eseguita. Proviamo qualcos'altro. Useremo il nostro primo tag PHP.

Modifichiamo il file in modo che sia simile a questo:

```
<? php

// Benvenuto in PHP!

?>

Benvenuto in PHP!
```

Eseguiamo di nuovo il file. Qual è l'output che otteniamo?

Benvenuto in PHP!

Ecco una tua domanda, me l'aspettavo! Dov'è il resto? Ben fatto, mio futuro sviluppatore!

Manca una sezione del nostro file. Questo perché tutto ciò che si trova tra i nostri tag PHP viene trattato come codice PHP e viene elaborato di conseguenza.

Allora cosa sono i tag PHP? Bene, hai già incontrato il tag di apertura PHP. Ti ricordi il nostro bellissimo amico <?php. Il tag <?php segna l'inizio del nostro codice PHP. Allora quando finisce? Bene, è qui che entra in gioco il tag ?>.

Ora che sai come funzionano i tag PHP, è facile per noi individuare il codice PHP in questo file. È la riga seguente:

// Benvenuto in PHP!

Allora cosa fa questa linea? Assolutamente niente, è noto come commento e aiuta gli sviluppatori a documentare il proprio codice. Non preoccuparti. Impareremo di più sui commenti in seguito.

Adesso è il momento di una buona notizia. Nel prossimo capitolo scriverai le tue prime vere righe di codice PHP. Interessante vero? Allora perché aspettare? Gira pagina e continua a leggere.

Capitolo 4

Un po' di matematica

Ora sono sicuro che hai sentito dire che la programmazione è tutta matematica. Giusto? Bene è arrivato il momento della matematica. Iniziamo.

Statement

Proviamo qualcosa che sia un po' più vicino al mio livello di matematica. Sai come creare un file PHP e sai come aprire e chiudere i tag PHP. Quindi passiamo direttamente a un file PHP. Lo chiameremo math.php. Ecco il contenuto:

```
<? php

3 + 3;

?>
```

In realtà, aspetta un secondo. Non produrremo nulla dopo il nostro codice PHP. Perché preoccuparsi del tag di chiusura?

La verità è che la maggior parte degli sviluppatori PHP omette questo tag se non ci sono contenuti che seguiranno il nostro codice PHP. Facciamolo.

```
<? php

3 + 3;
```

Molto meglio! Giusto, nel caso in cui le tue abilità matematiche non siano così acute come le mie, lascia che ti aiuti un po'. Quando aggiungi tre a tre ottieni sei. Ok, ora sei pronto.

La linea 3 + 3; contiene una dichiarazione (anche detta statement). È una riga di codice PHP che verrà valutata da PHP e normalmente queste righe terminano con un punto e virgola. All'inizio ti dimenticherai di loro tutto il tempo ma non preoccuparti, presto finirai anche le tue frasi con un punto e virgola;

Quale pensi che sarà l'output quando eseguiremo questo file? Bene, vediamo se hai ragione. Vai avanti ed esegui php math.php per vedere cosa succede.

[niente]

Wow! Assolutamente niente. Questo linguaggio è stupido, arrendiamoci. Ok, sto scherzando. Ho un senso dell'umorismo pessimo, non preoccuparti, ti ci abituerai.

Perché non abbiamo ricevuto alcun output? Bene, è perché non abbiamo detto a PHP di produrre qualcosa. PHP è obbediente.

Andiamo avanti e per darci la risposta useremo echo. È un costrutto del linguaggio PHP che ci permetterà di vedere il risultato di un'istruzione.

Modifichiamo la nostra dichiarazione per includere l'echo:

```
<? php

echo 3 + 3;
```

Ci siamo, mettiamo l'echo prima della dichiarazione di cui vogliamo vedere il risultato. Proviamo di nuovo a eseguire la nostra applicazione! Eccoci qui...

6

Vedremo il risultato della nostra prima valutazione dell'istruzione con PHP. È roba interessante, vero? Avremmo potuto farlo su una calcolatrice. Lo so, lo so ma ricorda che queste sono solo le basi.

Operatori aritmetici

So che il nostro esempio 3 + 3 è un codice semplice, ma presto arriveremo a cose più grandi e complesse. Sapevi che ci sono più operatori matematici? Sono sicuro che alcuni di questi li conosci già.

- + Addizione
- - Sottrazione
- * Moltiplicazione
- / Divisione
- % Modulo

Ora, sono sicuro che avrai già visto alcuni di questi operatori. So che la moltiplicazione e la divisione sembrano un po' diverse dai segni che potresti aver imparato a scuola. Questo è comune alla maggior parte dei linguaggi di programmazione e scoprirai che il segno di divisione è decisamente più facile da digitare su una tastiera. Non lasciare che ti preoccupino, tra non molto sarai completamente abituato ad usare questi nuovi simboli.

Se non hai mai utilizzato l'operatore "Modulo", è semplice da spiegare. Può essere utilizzato per calcolare il resto di una divisione. Ad esempio, l'operazione "3%2" restituirebbe la cifra "1". È comunemente usato per determinare se un numero è pari o dispari dividendo per due. Ora diamo a PHP qualcosa di difficile a cui pensare, sei d'accordo?

```php
<? php

echo 4 + 3 * 2/1;
```

Allora, qual è il risultato? Bene, può essere difficile calcolarlo nella nostra testa perché non sappiamo in quale ordine elaborare le coppie di calcoli. Dovremmo prima aggiungere 3 a 2? O magari dividere prima 2 per 1? Difficile!

Naturalmente, in matematica impariamo a usare le parentesi arrotondate per stabilire un ordine tra le operazioni e possiamo fare lo stesso con PHP. Facciamo un tentativo.

```php
<? php

echo (4 + 3) * (2/1);
```

Ora possiamo essere sicuri che 4+3 e 2/1 vengono valutati per primi e poi vengono moltiplicati i valori risultanti. Ottimo, eseguiamo il nostro script e otteniamo il risultato ...

14

Fantastico, ma cosa otterremmo senza le parentesi?

```php
<? php
```

echo 4 + 3 * 2/1;

Allora qual è il risultato? Eseguiamo il nostro script.

10

Questa è una cifra completamente diversa. Perché? Bene, è perché PHP non gestisce i nostri operatori nello stesso ordine. Prendiamoci un po' di tempo per conoscere l'ordine dei nostri operatori. Ecco come PHP gestisce l'ordine degli operatori:

- Moltiplicazione
- / Divisione
- % Modulo
- + Addizione
- - Sottrazione

L'operatore con la priorità più alta si trova nella parte superiore dell'elenco quindi questo significa che quando PHP esamina 4+3 * 2/1 calcolerà prima 3*2 = 6, quindi 6/1 = 6 e infine 4 + 6 per darci la risposta 10.

Quando si tratta di matematica, mi piace usare le parentesi per evitare confusione, trovo anche che aiuti a chiarire l'intento della riga, rendendola più leggibile.

Procedure

Il codice PHP viene analizzato in modo procedurale. Ciò significa che viene letto ed eseguito istruzione per istruzione. Sebbene sia possibile mettere più di una dichiarazione su una riga, questo è raro tra gli sviluppatori PHP. Ciò significa che possiamo anche avvicinarci al codice riga per riga. Possiamo vederlo in azione aggiungendo più istruzioni al nostro file PHP. Proviamo quanto segue:

```
<? php

echo 2 + 2;

echo 3 + 3;

echo 4 + 4;

echo 5 + 5;
```

Ora eseguiamo il file ...

46810

Calmati! Abbiamo solo detto a PHP di produrre i risultati, non di inserire spazi o nuove righe nell'output. Ciò significa che PHP ha calcolato correttamente i valori e se distanziamo il risultato che PHP ci ha dato in questo modo...

4 6 8 10

...vediamo che i calcoli sono effettivamente corretti. È solo che PHP è molto obbediente e ha scritto i valori uno dopo l'altro.

Ho già detto molte volte che PHP è un linguaggio flessibile e indulgente. Mettiamolo alla prova! Fino ad ora, le nostre dichiarazioni hanno un unico spazio tra ogni "parola" (o numero). Aggiungiamo alcuni spazi extra in un formato incoerente per vedere cosa succede. Ecco il nostro codice modificato:

```php
<? php

echo 2 + 2;

echo 3 +3;

echo 4 + 4;

echo 5+ 5;
```

Anche se non sembra molto carino, se dovessi eseguire il codice scopriresti che funzionerà perfettamente. PHP non si preoccupa della quantità di spazio bianco tra le parole all'interno del suo codice. Si occupa solo di esso.

Noterai che alcune delle operazioni aritmetiche, ad esempio 4 + 4, non richiedono affatto uno spazio. Anche se questo è vero, non è coerente per tutte le variazioni di sintassi. Ad esempio, considera il seguente frammento:

```
<? php

echo5 + 5;
```

Se tenti di eseguire questo script, scoprirai che PHP lancerà un avviso del tipo "Uso di una costante indefinita echo5 - presunta". Questo perché non sa cosa gli dice di fare la parola echo5. Per questo motivo, è sempre meglio inserire almeno uno spazio tra le tue parole.

Per quanto riguarda le dichiarazioni, se fossimo masochisti potremmo scegliere di mettere tutte le affermazioni su un'unica riga. Ecco un esempio:

```
<? php echo 2 + 2; echo 3 + 3; echo 4 + 4; echo 5 + 5;
```

Questo è un esempio di codice PHP perfettamente valido, ma non molti sviluppatori usano questo schema perché poco leggibile. Avere una singola dichiarazione su ogni riga rende molto più facile leggere e comprendere un file sorgente. Inoltre, causa problemi ai sistemi di versionamento del codice!

Abbiamo visto che PHP non si preoccupa se usi più spazi nel suo codice sorgente, ma considera anche una nuova riga un carattere di spazio bianco. Ciò significa che il seguente codice è completamente legale:

```
<? php

echo

2

+

2

;
```

Non mi credi? Vai avanti e provalo! Sebbene il codice funzioni come previsto, non è esattamente il pezzo di codice più leggibile. Se fossi il mio allievo e mi presentassi un codice scritto così, ti boccerei!

Tuttavia, c'è un uso pratico per spezzare una linea: se la riga è eccessivamente lunga, diventa anche difficile da leggere. Possiamo risolvere questo problema usando una nuova riga ad una lunghezza di lettura appropriata. Molti sviluppatori applicano anche quattro spazi (o la tabulazione) alla riga successiva per indicare che si tratta di una continuazione. Questo è simile a come le opere di testo formali utilizzano una frase rientrata per indicare un nuovo paragrafo.

Ecco un esempio di interruzione di riga a scopo di leggibilità:

```php
<? php
```

echo (3 * 5) / (7/12) * (7 * 6) + (7% 3)

   + (6 + 7) * (12/3);

È un bel po' di matematica, ma si spera che lo troverai molto più facile da leggere. Vale anche la pena notare che puoi anche inserire righe vuote all'interno del tuo codice per aggiungere chiarezza. Ecco un esempio:

```php
<? php


echo 3 + 2;


echo 7 * 7;


echo 5;
```

Quindi, come vedi, PHP può essere estremamente flessibile ma non dimenticare

di aggiungere quel punto e virgola a fine riga
perché non ti perdonerà mai.

Capitolo 5

Variabili

Ora stiamo arrivando alla sostanza! Le variabili sono una parte estremamente utile e ben utilizzata del toolkit per sviluppatori. Cominciamo, va bene? Vorrei che pensaste alle variabili come minuscole scatole in cui teniamo le cose. Le variabili sono parole che iniziano con il simbolo del dollaro $. Diamo un'occhiata a un esempio:

```
<? php

$tre = 3;
```

Se pensi alla variabile $tre come a una piccola scatola, allora abbiamo inserito il valore 3. Questo è ciò che fa il segno di uguale. In matematica usiamo il segno di uguale per indicare il risultato di un'equazione, tuttavia, in PHP è una storia completamente diversa.

In PHP il segno uguale = è noto come operatore di assegnazione ed è usato per impostare qualcosa. Stiamo dicendo a PHP di impostare la variabile $tre sul numero 3.

Se esegui lo script che abbiamo creato sopra, scoprirai che PHP non restituisce nulla. Questo perché l'assegnazione è puramente un'assegnazione.

Non stiamo dicendo a PHP di produrre qualcosa. Tuttavia, ora che abbiamo impostato la variabile $tre sul valore 3, possiamo utilizzare il costrutto echo su di essa.

```php
<? php

// Imposta la nostra variabile sul valore tre.

$tre = 3;
```

// Mostra il valore della nostra variabile.

echo $tre;

Per prima cosa impostiamo la nostra variabile, quindi usiamo il costrutto echo per produrre il valore che sta contenendo. Se eseguiamo il nostro codice, riceviamo 3 come output.

Questo è fantastico perché significa che possiamo dare soprannomi alle cose. Ad esempio, il numero "3.14159265359" è un numero molto bello per gli amanti dei cerchi, ma è terribilmente difficile da ricordare, no? Diamogli un soprannome. Lo chiameremo PiGreco. No aspetta, ho un'idea migliore.

<? php

$pi = 3,14159265359;

Ora abbiamo creato una nuova variabile chiamata $pi che contiene il valore 3.14159265359. Ciò significa che possiamo utilizzare la variabile ovunque nel nostro codice per eseguire calcoli. Ecco alcuni esempi.

```php
<? php

// Assegna pi greco a una variabile.

$pi = 3,14159265359;


// Esegue i calcoli della circonferenza.

echo $pi * 5;

echo $pi * 3;
```

Dopo aver impostato $pi, possiamo usarlo in altre istruzioni per eseguire calcoli. Possiamo dichiarare e assegnare tutte le variabili che vogliamo, ma ci sono un certo numero di regole che dobbiamo seguire quando si scelgono i nomi. I nomi delle variabili possono contenere numeri, lettere e trattini bassi.

Tuttavia, devono iniziare con una lettera o un trattino basso, mai un numero! Sono sensibili ai caratteri maiuscoli / minuscoli, il che significa che $test è diverso da $Test. Ecco alcuni esempi:

```
<? php

$test = 1; // Legale

$Test = 1; // Legale

$_test = 1; // Legale

$te_st = 1; // Legale

$tes_t1 = 1; // Legale

$te-st = 1; // Illegale

$1test = 1; // Illegale
```

Sebbene i nomi delle variabili possano contenere trattini bassi e iniziare con maiuscole, è pratica comune utilizzare un formato di denominazione noto come "camelCase".

I nomi camelCase iniziano con un carattere minuscolo. Le variabili che devono essere denominate con più parole avranno il primo carattere delle parole successive in maiuscolo. Ecco alcuni esempi:

```php
<? php

$testVariabile = 1;

$provaValore = 1;
```

Ricordi come le nostre dichiarazioni restituiscono un valore? Ebbene, anche le assegnazioni sono dichiarazioni, riuscite a indovinare cosa significa? Esatto, restituiscono anche un valore.

Possiamo provarlo usando il nostro vecchio amico, il costrutto echo:

```php
<? php

echo $test = 1337;
```

Riceviamo il numero 1337 come output. Questo perché l'assegnazione della variabile $test viene eseguita prima di essere scritta su schermo. Questo processo ci consente di utilizzare un trucco intelligente. Non è qualcosa che userai molto spesso, ma penso che sia un trucco piuttosto interessante da sapere. Vai avanti e dai un'occhiata a questo esempio:

```php
<? php

$primoTest = $secondoTest = $terzoTest = 1337;
```

Lo snippet sopra potrebbe sembrare un po' folle, ma ha più senso se lo leggi da destra a sinistra. A $terzoTest viene assegnato il valore 1337, successivamente a

$secondoTest viene assegnato il valore di $terzoTest e infine a $primoTest viene impostato il valore di $secondoTest. Ciò significa che tutte le variabili sono impostate sul valore finale. Interessante, vero?

Proprio il mio tipo

Finora abbiamo lavorato con i numeri. Sarebbe noioso se quelli fossero gli unici tipi di valori da poter usare, giusto? Penso che sia giunto il momento di esaminare le altre possibilità. Ecco alcuni dei valori comuni usati nelle applicazioni PHP.

- integer
- float
- boolean
- string
- null
- array

Ce ne sono altri, ma non complichiamo subito le cose. Dobbiamo imparare a poco a poco. Non vuoi un sovraccarico di conoscenze! Diamo un'occhiata a questi tipi uno per uno. Per prima cosa abbiamo numeri interi. Questi sono numeri interi, li abbiamo usati nei nostri esempi precedenti.

```php
<? php

$test = 2;

$testNegativo = -23;
```

I float sono numeri in virgola mobile. Hanno punti decimali e quindi contengono frazioni. Possono essere usati in modo simile agli interi e, in effetti, ne abbiamo già usato uno. Ti ricordi il nostro amico $pi? Quello era un float. Passiamo a qualcosa di nuovo, vero?

```php
<? php

$test = 2,34;

$testtttt = -23,43;
```

I booleani sono tipi di dati binari. No niente panico! Non faremo alcuna aritmetica binaria, è solo un modo per esprimere che possono avere solo uno di due valori. Un booleano può essere true o false. Più avanti, daremo un'occhiata a come i valori booleani possono essere usati per cambiare il flusso della nostra applicazione.

```php
<? php

$falso = false;

$vero = true;
```

Successivamente abbiamo il valore "stringa". Le stringhe vengono utilizzate per memorizzare una parola, un carattere o una sequenza di testo.

```php
<? php

$messaggio_test = "Questo è un test";

$messaggio_prod = "Benvenuto utente!";
```

null è un valore speciale perché non è niente. Nessuno. Zero. In realtà non è zero. Zero è numerico e per questo possiamo usare un numero intero. I valori nulli sono esattamente niente. null è il valore che una variabile ha prima che l'assegnazione sia stata eseguita. È un valore davvero utile e lo capirai in futuro.

```php
<? php

$niente = null;
```

Gli array sono un altro tipo speciale di valore. In effetti, questo è il mio preferito in assoluto. Per ora, tutto ciò che devi sapere è che si tratta di un valore che contiene una raccolta di altri valori.

```php
<? php

$partenza = [1, 2, 3];

$continua = array (5, 6, 7, 8);
```

Assegnazione avanzata

In un capitolo precedente abbiamo scoperto gli operatori che possiamo usare sulle variabili e abbiamo imparato ad usare l'operatore di assegnazione. Allora cosa succede quando li mettiamo insieme? Creerà un nuovo buco nero e consumerà l'intero universo? Scopriamolo insieme:

```php
<? php

// Imposta un valore.

$test = 3;

// Provo a creare un buco nero.

$test+ = 1;

// Scarica il valore.

var_dump($test);
```

Per prima cosa impostiamo una variabile sul valore intero di tre. Successivamente, abbiamo inserito l'operatore di addizione all'inizio dell'operatore di assegnazione e fornito un altro valore intero di uno.

Possiamo usare la funzione var_dump() per interrogare non solo il valore contenuto in una variabile, ma anche il suo tipo!

Cosa abbiamo recuperato?

int (4)

Eccezionale! Sembra che abbiamo un quattro? Beh, suppongo che abbia senso. Sappiamo che $a + $b restituisce un valore senza impostarlo e sappiamo che l'operatore di assegnazione viene utilizzato per impostare il valore delle variabili. Questo fa entrambe le cose. Stiamo dicendo a PHP di impostare il valore di $test sul suo valore corrente più uno.

Puoi usare questa sintassi con qualsiasi operatore che abbiamo scoperto finora. C'è solo un problema. Non posizionare l'operatore sull'altro lato del segno di uguale. Credimi, l'ho provato. Non vorrei vederlo accadere a te. Fate attenzione!

Successivamente, abbiamo l'operatore incrementale. In realtà, non dimentichiamo anche l'operatore decrementale. Tende a ricevere un po' meno attenzione. In effetti, mettiamo in mostra le sue capacità:

```php
<? php

// Imposta un valore.

$test = 3;

// Diminuisce il valore.

$test--;

// Scarica il valore.
```

```
var_dump ($test);
```

Là in mezzo, lo vedi? Il bellissimo operatore decrementale. Mettiamo semplicemente due segni meno dopo la variabile. Che cosa fa? Bene, ecco il risultato dello snippet di codice.

```
int (2)
```

Come possiamo vedere, il valore di $test è stato diminuito di una unità. È una scorciatoia rapida per diminuire un valore. Allo stesso modo, è possibile utilizzare ++ per aumentare un valore. Questi sono gli unici due operatori che funzionano, però. Non essere sfacciato e prova a usare l'operatore di moltiplicazione. Semplicemente non funzionerà come ti aspetti!

Mi chiedo cosa succederebbe se mettiamo l'operatore prima del valore? Proviamo, va bene?

```php
<? php

// Imposta un valore.

$test = 3;

// Diminuisce il valore.

-$test;

// Scarica il valore.

var_dump ($test);
```

Qual è la risposta? Non sei curioso?

int (2)

Oh, è lo stesso. In realtà, conosco un piccolo segreto. Non è lo stesso. Certo, il valore che abbiamo ricevuto indietro sembra identico, ma il mio esempio non rende merito.

Creiamo un esempio diverso. Mostreremo lo stato di un valore prima che venga utilizzato l'operatore. Esamineremo il risultato dell'istruzione quando viene utilizzata l'operazione e, infine, esamineremo il valore dopo che l'operatore è stato utilizzato. Non ci aspettiamo che il valore aggiunto sia diverso.

```php
<? php

// Imposta un valore.

$test = 3;

// Dump PRIMA.

var_dump ($test);

// Dump DURANTE.

var_dump (-$test);

// Dump DOPO.

var_dump ($test);
```

Eseguiamo il codice. Quali sono i tre valori che riceviamo?

int (3)

int (2)

int (2)

Il primo valore è tre. Ciò significa che il valore viene diminuito sulla seconda riga. Spostiamo l'operatore dall'altra parte del valore, ok? Come questo:

```php
<? php

// Imposta un valore.

$test = 3;

// Dump PRIMA.

var_dump ($test);

// Dump DURANTE.

var_dump ($test--);

// Dump DOPO.
```

var_dump ($test);

Guarda molto da vicino per individuare la differenza. Diamo un'altra occhiata al risultato.

int (3)

int (3)

int (2)

Quel valore al centro è diverso! Perché non è stato diminuito? Bene, scambiando l'operatore, abbiamo detto a PHP di diminuire il valore DOPO la riga corrente. Riassumiamo:

$valore-- Modifica il valore dopo la riga corrente;

-$valore Modifica il valore sulla riga corrente.

Perché è utile? Bene, ecco un uso per te. Sono sicuro che se sei creativo ne troverai più di uno. Utilizzando l'operatore che cambia dopo la riga corrente, possiamo impostare un'altra variabile sul suo valore e diminuire il valore originale sulla stessa riga. Come questo:

```php
<? php

// Imposta un valore.

$test = 3;

// Assegna, quindi aumenta.

$testValore = $test++;
```

Quello che abbiamo fatto qui, è risparmiare una riga. È un po' una scorciatoia. Ecco come apparirebbe se non fosse per l'operatore incrementale.

```php
<? php

// Imposta.

$test = 3;

// Assegna.
```

```php
$testValore = $test;

// Aumenta.

$test = $test + 1;
```

In seguito, troverai altri usi per questo operatore. Nel prossimo capitolo daremo uno sguardo più da vicino alle stringhe.

Capitolo 6

Stringhe

Abbiamo già incontrato le stringhe, vero? Beh, penso che siano un tipo di dati davvero interessante. Ecco perché ho scelto di dedicare loro un breve capitolo. Le stringhe sono il nome che i programmatori hanno dato alle sequenze di testo contenute nelle variabili delle nostre applicazioni. Assegniamo una stringa a una variabile per un po' di riepilogo.

```php
<? php

// Stringa con virgolette singole.

$test = 'Regola dei test!';

// Stringa con virgolette doppie.

$test = "Regola dei test!";
```

```
// Stampa

echo $test;
```

Ok, so che la seconda riga è inutile. L'ho lasciata lì per ricordarti i due diversi tipi di virgolette che possono essere usati per racchiudere i valori di stringa.

Allora, se abbiamo due opzioni, qual è la differenza? Non può essere solo per chiarezza, giusto? Voglio dire, entrambi mi sembrano ugualmente puliti.

Ebbene, in realtà c'è una differenza. I valori stringa racchiusi tra virgolette doppie sono un po' più intelligenti. Hanno un trucco che i loro fratelli con virgoletta singola non sono in grado di fare. Si chiama interpolazione di stringhe. È un termine orribile, non è vero? È molto confuso. Significa semplicemente che possiamo incorporare valori all'interno di una stringa. Diamo un'occhiata a questo:

```php
<? php

// Imposta una stringa.

$valore = "test";

// Virgolette singole.

$primo = 'Adoriamo $valore!';

// Virgolette.

$secondo = "Adoriamo i $valore!";

// Stampa.

var_dump($primo);

var_dump($secondo);
```

Proveremo a inserire una variabile per nome in entrambi i tipi di stringhe. Diamo un'occhiata al risultato dell'estrazione di entrambi i tipi di stringhe.

```
string (15) "Adoriamo $valore!"
```

string (15) "Adoriamo i test!"

Come puoi vedere, tra virgolette singole il nome della variabile viene presentato come se fosse semplicemente parte della stringa. Tuttavia, all'interno della stringa tra virgolette doppie, il nome della nostra variabile è stato sostituito con il valore della variabile. Wow! È super utile. Non è vero?

Voglio offrirti un piccolo consiglio. È meglio racchiudere i valori interpolati all'interno di {parentesi graffe}. Rende l'interpolazione molto più pulita e scoprirai che funzionerà meglio quando inizierai a utilizzare gli array.

Ecco un esempio:

```php
<? php

// Imposta una stringa.

$valore = "test";
```

```php
// Inserisci valore.

$risultato = "Adoriamo {$valore}!";

// Stampa.

var_dump($risultato);
```

Molto più pulito, non è vero? Attieniti all'uso delle parentesi graffe e credimi, finirai per amarle.

Concatenazione

La concatenazione è il processo di unione di due stringhe da un'estremità all'altra. È come creare una collana di perline o un millepiedi umano, diamo un'occhiata a un esempio di questo processo:

```php
<? php

// Primo valore.

$primo = 'I Test sono';

// Secondo valore.

$secondo = 'fantastici!';

// Concatenazione.

var_dump ($primo.$secondo);
```

Per prima cosa creiamo due valori stringa, quindi restituiamo il risultato della concatenazione. In PHP usiamo il carattere punto (.) per eseguire la concatenazione. Diamo un'occhiata al risultato, vero?

I Test sono fantastici!

Grande! Le nostre stringhe sono state attaccate insieme. Possiamo concatenare tutti i valori che vogliamo. Ecco un esempio:

```php
<? php

// Primo valore.

$primo = 'I test';

// Secondo valore.

$secondo = 'sono';

// Terzo valore.

$terzo = "completamente";

// Quarto valore.
```

```php
$quarto = 'fantastici!';

// Concatena.

var_dump ($primo. $secondo. $terzo. $quarto);
```

Possiamo anche concatenare insieme diversi tipi di variabili; PHP li tratterà semplicemente come stringhe. Per dimostrarlo, concateniamo insieme una stringa e un valore float.

```php
<? php

// Primo valore.

$primo = 'Valore di:';

// Secondo valore.

$secondo = 27,325;

// Concatena.

var_dump ($primo. $secondo);
```

È un esempio simile a quello che abbiamo visto in precedenza. Allora, qual è il risultato?

string (16) "Valore di: 27,325"

Proprio come ci aspettavamo! Il valore float è stato convertito in una stringa e accodato alla fine dell'altro valore. Lo stesso accadrebbe per tutti i tipi di dati di base.

Ho una domanda. In realtà, conosco la risposta ... è solo che a volte trovo che fare domande sia un ottimo modo per far funzionare il cervello! Perché non possiamo usare l'operatore di addizione per concatenare le stringhe? Voglio dire, stiamo solo aggiungendo due stringhe insieme, no?

In altre lingue, ad esempio Javascript, puoi usare + per concatenare le stringhe. In effetti, è il modo più accettato per farlo. In PHP, l'operatore di addizione è puramente matematico. Vediamo cosa succede se tentiamo di eseguire l'addizione su due stringhe.

```php
<? php

// Primo valore.

$primo = 'I Test sono';

// Secondo valore.

$second = 'fantastici!';

// Concatena.

var_dump($primo + $secondo);
```

Qual è il risultato? Non è niente di impressionante!

```
int (0)
```

PHP comprende che le nostre stringhe sono complicate e quindi le tratta come il valore intero zero. Due zeri equivalgono a zero. Se le nostre stringhe rappresentassero numeri reali in formato stringa, allora PHP sarebbe in grado di fare qualcosa di un po' più sensato con loro. Proviamolo!

```php
<? php

// Primo valore.

$primo = '3';

// Secondo valore.

$secondo = "5";

// Concatena.

var_dump ($primo + $secondo);
```

Questa volta, il risultato ha più senso per noi.

```
int (8)
```

Chiamiamo "casting" il processo di trasformazione da un tipo a un altro. Il casting di stringhe a valori numerici è conveniente o pericoloso, a seconda delle circostanze. È conveniente perché non dobbiamo occuparci di questi valori noi stessi, ma a volte il casting non ci dà il valore che ci aspettiamo. Ad esempio, "tre" così come "three" non equivale a 3, sarà 0. Assicurati di usare cautela quando usi stringhe all'interno di operazioni matematiche.

PHP viene fornito con una serie di funzioni, piccole macchine che funzionano per noi, che possono essere utilizzate per eseguire una serie di operazioni sulle stringhe. Possiamo invertirle, sostituire sezioni di esse, estrarre sottostringhe, calcolarne la lunghezza e molto, molto altro ancora. Non preoccuparti. Per ora, diamo un'occhiata al tipo di dati "Array" nel prossimo capitolo.

Capitolo 7

Array

È il momento per il mio tipo di dati preferito. Adoro gli array! Sono incredibilmente divertenti e davvero utili. Gli array sono ottimi quando un valore non è sufficiente e per qualche motivo hai bisogno di una raccolta di valori.

Indicizzati

Diciamo che vogliamo memorizzare i nomi di tutti i nostri amici all'interno della nostra applicazione. Sono tutti amici e non ha senso creare variabili separate per ciascuna di esse. Memorizziamoli in un array, va bene?

```php
<? php

// Crea un array.

$amici = array ('Luca', 'Marco', 'Paolo');

// Crea anche un altro array.

$amici = ["Luca", "Marco", "Paolo"];
```

Qui abbiamo due esempi di array. Entrambi funzionano allo stesso modo, ma il secondo esempio è frutto di una sintassi aggiunta nella versione 5.4 di PHP. Ciò significa che non funzionerà sulle versioni precedenti alla 5.4. Tuttavia, consiglio vivamente di utilizzare il secondo formato, poiché il mondo PHP sta andando avanti e le future versioni si baseranno su questo costrutto.

Ad alcune persone piace utilizzare il primo tipo di array nel codice che intendono condividere con altri, in modo che rimanga compatibile con tutte le versioni di PHP. Useremo la nuova sintassi dell'array per la maggior parte degli esempi in questo libro, tuttavia, sei libero di usare la forma che preferisci.

I valori degli array vengono inclusi tra parentesi tonde o parentesi quadre. Ogni elemento di un array deve essere separato da una virgola e l'ultimo elemento in un array può anche avere una virgola opzionale, ma preferisco non usarla. Nell'esempio sopra, abbiamo aggiunto tre valori di tipo stringa a un array. Gli array possono contenere stringhe e altri tipi di dati, addirittura anche variabili!

Ecco alcuni altri esempi:

```php
<? php

// Crea un array di stringhe.
```

```php
$amici = array ('Luca', 'Marco', 'Paolo');

// Crea un array di numeri interi.

$numeri_interi = [3, 6, 9, 12];

// Crea un array di float.

$float = [1.30, 2.60, 3.90, 4.120];

// Imposta alcune variabili.

$uno = 1;

$due = 2;

$tre = 3;

// Crea un array di variabili.

$variabili = array ($uno, $due, $tre);
```

Anche gli array sono estremamente flessibili. Possono contenere un mix di diversi tipi di valori. Ecco un altro esempio:

```php
<? php
```

$uno = 1;

// Crea un array di valori misti.

$misto = array ('Luca', $uno, 5, 23.54);

Grande! Sono estremamente flessibili, ma come possiamo usarli? Vogliamo essere in grado di recuperare questi valori che abbiamo raccolto insieme, giusto? Non preoccuparti, possiamo usarli!

Supponiamo di lavorare con il primo esempio. Eccolo ancora una volta per rinfrescarti la memoria:

```php
<? php

// Crea un array di amici.

$amici = ["Luca", "Marco", "Paolo"];
```

Proviamo ad accedere a "Luca", questo è un array indicizzato in modo da poter accedere a ogni singolo elemento dalla loro posizione nell'array. Luca è il primo elemento, quindi andiamo avanti e proviamo ad accedervi.

```php
<? php

// Crea un array di amici.

$amici = ["Luca", "Marco", "Paolo"];

// Recupera il primo elemento dall'array.

$luca = $amici[1];

// Echo del risultato.

echo $luca;
```

Possiamo accedere agli elementi dell'array utilizzando parentesi quadrate alla fine della variabile dell'array e fornendo un valore intero per la posizione tra di loro. Andiamo avanti ed eseguiamo il codice. Non vedo l'ora di incontrare Luca!

Marco

Aspetta cosa!? Marco? Ma mi aspettavo Luca! Perché siamo onorati della sua presenza? È perché siamo programmatori. Sei arrivato fin qui e non mi hai mollato, sei già praticamente un programmatore.

Ecco un segreto. I programmatori contano da zero. Ciò significa che la posizione 1 è in effetti il secondo elemento nel nostro array. Ecco perché Marco è il risultato del nostro codice. Andiamo a prendere Luca usando la posizione zero in modo che Marco abbia qualcuno con cui giocare!

```php
<? php

// Crea un array di amici.

$amici = ["Luca", "Marco", "Paolo"];

// Recupera il primo elemento dall'array.

$luca = $amici[0];
```

// Echo del risultato.

echo $luca;

Ora, con un po' di fortuna ...

Luca

Evviva! Ecco il nostro amico che aspettavamo. Possiamo fornire qualsiasi indice per recuperare i nostri amici dall'array. Ecco un altro esempio:

<? php

// Crea un array di amici.

$amici = ["Luca", "Marco", "Paolo"];

// Recupera i nostri amici in variabili separate.

$luca = $amici[0];

$marco = $amici[1];

$paolo = $amici[2];

Vediamo cosa succede se proviamo a recuperare il valore 3 dall'array. Poiché i nostri array sono a base zero, ciò significa che non dovrebbe esistere nulla alla posizione tre, giusto? Scopriamolo. Per prima cosa avremo bisogno di uno snippet da testare.

```php
<? php

$amici = ["Luca", "Marco", "Paolo"];

// Prendi un amico che non esiste.

$finto = $amici[3];

// Vedi il risultato.

echo $finto;
```

Ecco, dovrebbe funzionare! In quel momento, eseguiamo il codice e vediamo cosa succede.

Avviso PHP: offset non definito: 3 in <FILENAME> alla riga 7

Oh caro! Abbiamo un avviso. Non è proprio un errore, ma non è quello che vogliamo, ci avverte che non esiste l'elemento a cui stiamo accedendo. È ora di dare un'occhiata a un altro tipo di array.

Associativi

Gli array associativi sono quelli con chiavi definite dall'utente. In alcune lingue, questi sono noti come mappe, hash o dizionari. Nella sezione precedente le chiavi dei nostri array erano numeri interi forniti automaticamente. Perché non proviamo a fornire la nostra chiave? Proviamo ad avere un po' più di controllo sui nostri array.

Le chiavi per i nostri array associativi devono essere stringhe. Quindi creiamo una mappa dei nomi dei numeri sui loro valori interi.

```php
<? php

// Crea un array associativo.

$numeri = [

    'uno' => 1,
```

```php
    'due' => 2,

    'tre' => 3,

    'quattro' => 4,

    'cinque' => 5,

    'sei' => 6

];
```

Le chiavi e i valori dell'array sono separati da un simbolo uguale = e maggiore di > uniti insieme. Lo chiamiamo operatore di assegnazione di array. Le chiavi si trovano a sinistra e i valori a destra. Altrimenti, l'array assume un formato simile a uno indicizzato.

Proviamo a recuperare il valore alla posizione zero:

```php
<? php

// Crea un array associativo.
```

```php
$numeri = [

    'uno' => 1,

    'due' => 2,

    'tre' => 3,

    'quattro' => 4,

    'cinque' => 5,

    'sei' => 6

];

// Esamina un valore.

echo $numeri[0];
```

Andiamo avanti ed eseguiamo di nuovo il nostro file.

Avviso PHP: offset non definito: 0 in <FILENAME> alla riga 14

Oh no! C'è di nuovo quell'errore. Aspetta, lo so! È perché abbiamo fornito le nostre chiavi. PHP non doveva fornire chiavi numeriche per noi, quindi l'utilizzo di valori interi non funzionerà. Proviamo invece a utilizzare una delle nostre chiavi per recuperare un valore.

```
// Esamina un valore.

echo $numeri['tre'];
```

Dopo aver modificato la sezione interessata, proviamo di nuovo a eseguire la nostra applicazione. Dita incrociate.

3

Grande! È proprio quello che volevamo. Ora abbiamo imparato come creare le nostre chiavi per rendere i nostri array più gestibili. C'è un ultimo trucco per gli array che vorrei condividere con te.

Multidimensionali

A quanto pare, gli array possono anche essere multidimensionali. Ricordi quando ti ho detto che gli array possono contenere qualsiasi tipo di dati? Bene, si scopre che gli array sono un tipo di dati. Riesci a pensare a qualche motivo per cui un array non dovrebbe essere in grado di contenere altri array? No? Beh, nemmeno io posso. Proviamolo.

```php
<? php

// Crea un array multidimensionale.

$numeri = [

    'primi' => [2, 3, 5, 7, 11],

    'fibonacci' => [1, 1, 2, 3, 5],

    "triangolare" => [1, 3, 6, 10, 15]

];
```

Qui abbiamo una serie multidimensionale di modelli matematici popolari. L'array esterno è associativo, con le chiavi che rappresentano i nomi dei pattern. Gli array interni sono quelli indicizzati e potrebbero anche essere associative se avessimo voluto. Ho solo pensato che questo potrebbe mantenerlo semplice.

Possiamo usare un concetto di "profondità" per descrivere un array di questo tipo. Questa matrice è profonda due strati. Ha uno strato esterno (l'array associativo) e diversi strati secondari (gli array indicizzati). Gli array possono essere profondi quanto ci piace, ancora una volta l'ho mantenuto su due livelli per semplicità.

Se volessimo recuperare il terzo valore dall'array della sequenza Primi, abbiamo scoperto che possiamo usare del codice simile al seguente:

```php
<? php

// Crea un array multidimensionale.

$numeri = [

    'primi' => [2, 3, 5, 7, 11],

    'fibonacci' => [1, 1, 2, 3, 5],

    "triangolare" => [1, 3, 6, 10, 15]

];

// Per prima cosa ottengo l'array dei numeri
primi.

$numeri_primi = $numeri['primi'];

// Successivamente ottengo il terzo numero
(secondo, in base zero).

echo $numeri_primi[2];
```

Ovviamente riceviamo il valore "5". Sappiamo che funziona, ma ho un modo migliore.

Possiamo accorciarlo. Devo condividerlo con te? Beh, suppongo che tu abbia comprato il libro, quindi significa che abbiamo un contratto vincolante, giusto? Devo condividere tutto quello che so su PHP con te. Bene! Ecco del codice che potrebbe avere più senso:

```php
// Accedi direttamente al nostro numero primo.

echo $numeri['primi'][2];
```

Utilizzando set aggiuntivi di parentesi, possiamo approfondire il nostro array multidimensionale per accedere direttamente ai valori annidati.

Possiamo fornire tutte le serie di parentesi necessarie. Possiamo anche combinare chiavi numeriche e basate su stringa. Vale la pena notare che se manca uno qualsiasi degli indici nella catena, riceveremo dal nostro vecchio amico l'avviso "Indice non definito".

Gli array multi-dimensionali sono un ottimo modo per esprimere dati basati su griglia o persino coordinate 2D / 3D. Il più delle volte, tuttavia, vengono utilizzati semplicemente per esprimere strutture di dati complesse. Nel prossimo capitolo, daremo uno sguardo a come possiamo trasmettere i valori in diversi tipi di dati.

Capitolo 8

Casting

Le cose non vanno sempre come avevi pianificato, vero? Le variabili non sono sempre del tipo giusto. Fortunatamente, con PHP possiamo usare un metodo noto come "casting" per forzare un tipo di dati a essere un altro. Supponiamo di avere una stringa con il seguente contenuto:

```php
<? php

$test = "3";
```

Certo, è un 3, ma internamente PHP lo interpreta come una stringa e lo tratta come una stringa. Possiamo vederlo scaricando il valore. Se usiamo var_dump() sulla variabile $test, riceveremo il seguente output:

```
string(1) "3"
```

Vedi? PHP lo sa. Certo, quando esegui operazioni aritmetiche sulla stringa precedente, PHP invierà il valore a uno numerico internamente, ma cosa succede se vogliamo farlo da soli? E se volessimo assicurarci che la variabile contenga un numero intero? È qui che il casting è utile.

È possibile eseguire il cast di un valore in un altro tipo di dati specificando il nuovo tipo di dati durante il processo di assegnazione. Sembra complicato, ma in realtà è abbastanza semplice. Diamo un'occhiata a un esempio nel codice:

```php
<? php

// Imposta un valore di stringa.
```

```php
$test = "3";

// Cast a numero intero.

$test = (int) $test;

// Esegui il dump del risultato.

var_dump ($test);
```

Impostiamo una rappresentazione di stringa del numero tre sulla prima riga. Non c'è niente di nuovo lì. Nella riga successiva utilizziamo il cast usando le parentesi contenente un nuovo tipo di dati per eseguire il cast del valore fornito (in questo caso la nostra variabile) a qualsiasi tipo di dati sia stato inserito tra le parentesi. Abbiamo deciso che dovrebbe essere un numero intero, quindi abbiamo fornito il tipo int alle nostre parentesi di casting. Avremmo anche potuto fornire il tipo intero, sono intercambiabili, ma trovo che int sia molto più veloce da digitare e molto più ordinato!

Diamo un'occhiata al risultato:

int (3)

Fantastico! Il nostro test ora è un numero intero anziché una stringa.

```php
<? php
// Imposta un valore di stringa.
$test = "3";
// Cast per float.
$test = (float) $test;
// Esegui il dump del risultato.
var_dump ($test);
```

Esatto, usiamo solo il tipo float invece di int. Diamo un'occhiata al risultato.

float (3)

Grande! Il nostro valore ora è un float. I nostri cast possono anche funzionare al contrario. Se vogliamo un valore float rappresentato come una stringa, potremmo usare il seguente esempio:

```php
<? php

// Imposta un valore float.

$test = 3.4567;

// Cast alla stringa.

$test= (string) $test;

// Scarica il risultato.

var_dump ($test);
```

Se scarichiamo il risultato, scopriremo che il nostro valore float per $test è ora una stringa.

string (6) "3.4567"

È chiaro cosa ottengono questi esempi di casting. Penso che sia quello che ci aspettavamo da esso. Tuttavia, gli array sono un po' più difficili. Cosa pensi che succederà se proviamo a eseguire il cast di una stringa in un array?

Quando abbiamo una domanda come questa, ha sempre senso scrivere un piccolo snippet con cui sperimentare. A volte nel mio lavoro quotidiano dimentico cosa succede con cast complicati o con l'aritmetica, e costruisco un piccolo frammento demo solo per conferma.

```php
<? php

// Imposta un valore di stringa.

$test = "Luca";

// Trasmettilo all'array.

$test = (array) $test;
```

```
// Scarica il risultato.

var_dump ($test);
```

Useremo questo codice per eseguire il cast su un array. Allora, cos'è successo?

```
array (1) {

   [0] => string (6) "Luca"

}
```

È interessante! Sembra che PHP abbia avvolto la nostra stringa in un array indicizzato. In altri linguaggi, un'istruzione come questa potrebbe aver diviso la nostra stringa in un array di caratteri (lettere) ma PHP non ha il concetto di un tipo di carattere e quindi gestisce l'istruzione in modo leggermente diverso.

Questo comportamento è in realtà abbastanza utile. Se una parte del nostro codice richiede che la variabile che utilizza debba essere un array, allora possiamo semplicemente eseguire il cast su un array per avere il valore nel formato in cui desideriamo. Cosa succede se proviamo ad usare un valore float su un array?

```php
<? php

// Imposta un valore float.

$test = 1.98765;

// Trasmettilo all'array.

$test = (array) $test;

// Esegui il dump del risultato.

var_dump ($test);
```

Eseguiamo questo codice!

```
array (1) {
  [0] => float (1.98765)
```

```
}
```

Grande! Come ci aspettavamo, anche il nostro float è stato incluso in un array.

Non aver paura di usare il casting per forzare i tuoi valori nel giusto tipo di dati. Sono qui per lavorare per te, dopotutto!